A MONSIEUR

ÉDOUARD CLERC.

A MONSIEUR

ÉDOUARD CLERC,

NOTAIRE,

ÉDOUARD PÉCLET,

AVOCAT,

UN DERNIER MOT.

Post nummos virtus.

---

27 JUILLET 1843.

C'EST encore moi, Monsieur, j'attendais votre visite, à laquelle j'avais, ce me semble, quelques droits. Puisqu'enfin elle n'est pas venue, je viens pénétrer avec vous au cœur de faits restés obscurs, les éclairer, en montrer de nouveaux, sauf à voiler parfois, le nu de ma pensée de la forme elliptique, et par égard pour les vôtres, et par mon horreur profonde de la police correctionnelle.

Longtemps j'ai hésité... Époux et père, homme public ou privé, vous groupez fatalement autour de vous de ces éléments respectables, dont il m'eût été doux de vous distraire, pour vous laisser voir seul dans la cause... Mais le bruit et l'éclat ont avec eux de ces solidarités énergiques, qui résistent, en les entraînant, aux efforts des plus généreuses précautions.

Vous ne me ferez pas, j'ose le croire, cette injure, Monsieur, d'imputer à une autre cause ma longue hésitation. J'aurais voulu jeter sur tous ces scandales, avec un voile épais, le silence d'une absolue bonne foi. Grace à vous, il n'a pu en être ainsi. Des rumeurs vagues ont été entendues de nouveau ; et alors qu'assiégé d'embûches, j'étendais la main pour m'en défendre, une voix derrière moi a crié : « La moitié » d'une réhabilitation est encore le déshonneur... » Pourquoi tarder? Il faut à ton nom une réparation » éclatante, comme profondes furent les ténèbres où » l'on tenta de l'ensevelir... »

Et je n'hésitai plus, et, sous l'impression de cette voix solennelle, je suis venu, mais armé de documents irrécusables, probants, pour les échanger contre ces allégations vaines, dont il vous a plu, Monsieur, d'appeler chacune des vérités émises par moi à la lumière.

Je vais retourner vers le passé; interroger, de mes souvenirs encore présents, chacun de ses vestiges; signaler des traités, en indiquer la modification; exhumer des écrits enterrés à dessein; essayer de ranimer, à la voix de l'honneur, des paroles oubliées ou méconnues; publier certaine transaction dont vous êtes fier, Monsieur, et dont je suis heureux; montrer le milieu dans lequel elle s'est produite, l'exquise habileté qui sut en faire le choix; évoquer, sur les causes apparentes de cette transaction, sur le terrain mouvant qui la porte, les causes vraies qui l'ont déterminée; faire palpiter la vérité sous le mensonge, sous le prétexte la raison; mettre à nu des lignes savamment infectées; en détacher, par l'analyse, le poison qu'elles comportent, pour le retourner contre son auteur. De ces éléments, discutés, réunis, de leur combinaison, de la lettre et de l'esprit des textes, de leur interprétation rationnelle, du droit qui les domine, de la sincérité qui y éclate, je tracerai autour de vous un cercle de fer, qui, sous l'irrésistible pression des faits, aille, en se rétrécissant toujours, vous étreindre enfin la poitrine, pour y comprimer, avec vos rires indécents, ces clameurs sourdement perfides, ou vous faire vomir, avec le sang, l'aveu tardif et suprême de vos torts envers moi. C'est donc un combat à outrance, un duel à armes émoulues, une lutte à mort, sanglant tournoi d'une civilisation avancée; où, avec le public pour juge, le droit pour épée de bataille, le vainqueur, contre l'estime devenue sa récompense, verra tomber à ses pieds, triste gage de la victoire, l'honneur perdu de son adversaire.

Et mon émotion est grande... Seul contre tous... Mais honneur oblige; pour prononcer, le jury attend d'être édifié... qu'il le soit; il est temps d'en finir..., et si vous vous attachez ici par le sol, la famille, la profession, la cité... je puis partir demain... Mais à Dieu ne plaise que je laisse tomber du manteau du voyageur le doute homicide, germe imprudent, qui avidement ramassé, réchauffé dans des mains habiles, se développerait en souche fécondante, dont les épais rameaux auraient bientôt couvert de leurs ombres mortelles des lueurs vacillantes encore dans les esprits. Suicide que je ne commettrai pas, une telle faute ne sera pas la mienne. Je ne veux pas que l'opinion me vienne accuser de l'avoir voulu surprendre, ou n'aperçoive plus en moi qu'un soldat d'aventure, qui lâcherait le pied sous son premier coup de feu, après avoir lâchement jeté ses armes. Qu'ainsi vos parents et vos amis, et vos clients nombreux, et vos moyens d'action, et vos influences puissantes, et votre habileté profonde, se disposent en ordre de bataille..., qu'ils s'abritent derrière leurs formidables positions, que votre frère les discipline et les commande, je ne reculerai pas.... Et puisque, brisant sa vieille neutralité, il est venu me rendre, en provoquant les regrets d'un éloge hâtivement enthousiaste, mon entière liberté de parole et d'action, que le voilà menaçant, la tête haute, le casque au front, et la dague au poing, descendu contre moi dans l'arène, impatient d'y combattre..... je l'accepte et l'y retiens..., et pour au besoin lutter corps à corps avec lui, invoquer plus tard ses souvenirs, et faire un public appel à sa loyauté.

A présent qu'il est entré dans la lice, un mot, de ses précédents, et de l'intimité de nos relations, qui l'aille révéler aux juges du camp, et motiver l'extrême confiance dont durent nécessairement s'empreindre les actes intervenus entre lui et moi, lui le principe de toute cette affaire, l'axe obligé sur lequel elle gravite.

Dans Arbois, modeste ville de Franche-Comté, vivait un jeune avocat de mérite. Il s'appelait Clerc de Landresse, ayant puisé du droit de l'aîné, le privilége de réhausser d'un blason féodal, la modestie extrême du nom patronimique. La révolution de juillet éclatant, il offrit, dit-on, de la servir sous l'habit de préfet; mais incompris dans cet acte de civisme, on le vit, de l'essor dont il regagnait ses dossiers, et secouant sa noblesse, descendre sur la place publique, pour y parler de patrie et de liberté; et les instants que ne venaient pas lui disputer la fortune, l'honneur, ou la vie des clients, il les consacrait dans de mystérieuses conférences, au sein d'apôtres qu'il dominait de sa prudente ferveur, à discuter le progrès lent de nos institutions, le bonheur tardif de l'humanité.

Et d'un tel zèle la récompense ne se fit point attendre. La couronne municipale fut posée sur sa tête, et y amena ave elle bien des orages. Ce règne agité, affectant parfois la dictature, fut sillonné de luttes qu'une haute habileté empêcha d'être sanglantes. Et las de pouvoir, fatigué d'honneurs, il abdiqua sans profit, persuadé qu'il était d'avoir gouverné sans crainte.

Mais il fallait à ses besoins d'argent, à sa passion de la gloire un champ plus vaste; la sphère de la petite ville l'étouffait, et un jour, avec le sentiment légitime de ses forces, l'instinct permis des destinées qui l'attendaient, il s'abattit, de tout son vol, sur la capitale Franc-Comtoise, pour y recueillir, avec la gloire, de l'or et des honneurs.

De manières plus ouvertes qu'élégantes, doué d'une grande élasticité de cœur et de parole, savant dans la science de l'homme, observateur profond, ardemment ambitieux, il eut bientôt conquis sa place sous ce soleil nouveau. Avec les salons qui s'ouvraient devant lui, les clients accoururent, gens d'administration, de robe ou de finance, industriels, propriétaires, qui pardonneraient aux prestidigitations de l'avocat, les opinions fougueuses, mais non éternelles, du citoyen trop exalté.

Tel, Monsieur, votre frère m'apparaissait dans le monde où je le rencontrais, lorsque dans un bal chez le préfet, qu'auraient pu compromettre nos opinions inofficielles, un flot de la foule nous ayant jetés à la côte, nous nous y reconnûmes soudain. Des paroles furent rapidement échangées, nos mains se pressèrent en se quittant, et de cette nuit s'inaugurait cette amitié qui, hélas! me devait être bien fatale.

Elle fut vive, intime. Unis d'une opinion commune, entrevoyant les choses sous un même horizon, harmonisés sous de certaines faces, nos sentiments, nos pensées, furent confondus bientôt. J'étais fier d'une telle amitié, heureux de la subir, quand un de ces évènements qui creusent une existence d'un ineffaçable souvenir, vint la mettre à une publique épreuve.

Dans cette affaire, dans *cette plaie de famille*, que je découvrirai tout à l'heure, votre frère vint m'étayer du double appui de son talent et de son cœur. Et maintenant encore, malgré sa faiblesse que je veux croire innocente, c'est pour moi un besoin de le remercier tout haut, de sa belle conduite dans cette occasion.

C'était à la police correctionnelle qu'il me défendait, dans une affaire très délicate, sinon d'elle-même, au moins par la qualité de l'adversaire. Je crois utile ici, Monsieur, d'analyser les causes de ces *débats*, par vous si ingénument qualifiés de *fâcheux*, dans ce *fameux factum* contre lequel je prouverai avoir protesté, tout aussitôt qu'il me fut connu.

Ainsi qu'au médecin les plaies du corps, l'intimé doit étaler à son juge, malgré sa répugnance extrême, les misères de son âme. Mon père avait prêté à M. Laguesse, mon beau-frère de Lyon, et sur sa signature seule, la somme de 50,000 fr. L'engagement de la femme ayant été plus tard demandé et refusé, des poursuites eurent lieu qui irritèrent le débiteur, lequel n'avisa rien de mieux, pour suppléer le droit qui lui manquait, que de recourir contre moi à une odieuse délation. Ne me dirait-on pas, Monsieur, voué fatalement aux Dieux infernaux de la Calomnie?

M. Laguesse était accouru à Besançon, semant sur moi la calomnie à pleines mains. J'étais notaire alors, le procureur-général consulté fut d'avis qu'il fallait porter plainte. La plainte était le soir même déposée au parquet.

Les débats ayant lieu, les témoins furent entendus. Je produisis en ma faveur des preuves irrécusables, le procureur-général vint fermer d'office, avec les plus honorables témoignages, la série des témoins, et votre frère, inspiré de son amitié et de la justice de sa cause, s'éleva, je me plais à le redire, à une grande hauteur de talent.

Mais mon honneur sauvé retomberait bientôt sous vos coups, Monsieur, comme jaloux de compenser par l'infamie la dette que je venais de contracter envers votre frère.

Ici le lieu de rétorquer le reproche d'avoir protesté, en 1843 seulement, contre ce factum surpris, en 1839, à la religion de vos collègues.

Ce mémoire, qui devait sauver le notariat, venait de paraître à 1,200 exemplaires. C'était peu, selon le mérite de l'œuvre, beaucoup selon les lecteurs ; et les méchants eussent bien pu y voir un mode ingénieux de réclame notariale. Vos collègues, comprenant qu'il faut mettre un homme en position de se défendre quand on l'attaque, avaient demandé qu'un exemplaire du mémoire me fût adressé à Paris. Rien n'est venu, je le jure. J'avais cependant des droits à cette politesse; heureusement que, plus courtois que vous, Monsieur, le hasard, s'aidant du *Journal du Notariat*, m'apportait, le 9 janvier 1840, ces *lignes que vous savez*.

Par une fatalité propre à moi seul, le mémoire fier de les contenir ne me serait connu qu'ici le 1er avril 1843. De ce jour seulement, de collective que je la croyais, l'œuvre serait individuelle et resplendissante de votre nom.

Le 11 janvier 1840, j'adressais au Journal du Notariat et à la Commission des Offices une lettre, qui serait envoyée, deux jours après, à Besançon au Journal du Progrès, et au procureur du roi de cette ville.

Ma lettre ne fut point insérée, et la feuille du Notariat motivait ainsi son refus *.

De la lettre adressée au journal *le Progrès*, paraissant à Besançon, il advint qu'elle fut *supprimée*. Le rédacteur en chef avait cru devoir vous la communiquer, à vous, Monsieur, haut placé dans cette feuille, devenue si célèbre par vos feuilletons. Pouvait-on prévoir le sort qui lui était réservé? Quant aux causes efficientes de l'acte de suppression, peut-être vous plai-

---

* Lorsque nous avons rendu compte de l'ouvrage de M. Péclet sur la réforme du Notariat, nous l'avons fait en des termes qui ne pouvaient blesser la susceptibilité de l'auteur. Cependant, par respect pour la légalité, nous avons inséré dans notre N° du 9 janvier la réclamation contenue dans la lettre qu'il nous écrivit, en y joignant les explications qu'il demandait. Aujourd'hui il nous fait sommation de reproduire sa première lettre en entier, ainsi qu'une seconde qu'il nous adresse par huissier, contenant une prétendue réfutation de nos explications. Cette dernière lettre renfermant, envers des personnes étrangères à ce débat, un outrage dont nous ne voulons pas nous rendre complices, nous refusons de l'insérer. Nous déclarons en outre à M. Péclet que, voulant donner terme à une polémique qui nous répugne, nous repousserons toutes nouvelles lettres ou explications sur ce sujet.

Journal du Notariat. — Paris, 13 janvier 1840.

ra-t-il un jour de les révéler au public. En attendant, le fait de suppression reste évident et acquis au débat.

Quant à la lettre au procureur du roi, mon père la faisait parvenir à sa destination avec ces lignes *.

---

* A M. le procureur du roi en son parquet à Besançon.

Monsieur,

« J'ai pensé qu'il convenait de vous adresser la copie d'une lettre qui doit paraître dans une des feuilles de votre ville, en réponse au factum que MM. les notaires de Besançon ont fait parvenir à la commission des offices.

Recevez, etc. Paris, 13 janvier 1840. »

Copie de la lettre à la commission des offices.

A M. le président de la commission des offices.

Monsieur,

« Hier seulement j'ai eu connaissance des insinuations dirigées contre moi, par MM. les notaires de Besançon, dans ce factum qu'ils ont eu l'honneur de vous adresser. Aujourd'hui je réponds.

L'étude de M. Lanoix, mort avec une honorable réputation, n'était qu'un titre presque nu lorsque j'en devins cessionnaire. Je l'aurais presque acheté au-delà de sa valeur; et, pendant mon court exercice, je m'étais créé une clientelle, celle de mon prédécesseur étant devenue illusoire.

C'est dans une intention éminemment hostile que l'on a qualifié de *fâcheux* des débats provoqués par moi, à la suite d'une diffamation qui, impunie, aurait engagé mon honneur. Justice m'a été faite. Les éléments de l'affaire sont au greffe du tribunal d'instance de Besançon.

La démission de mes fonctions de notaire a été absolument volontaire.

Les renseignements fournis à mon égard par les membres du parquet n'ont rien que d'honorable. Ces magistrats avaient compris leur devoir.

Dans un prochain mémoire, je signalerai les machinations sous lesquelles certains hommes ont essayé d'étouffer mon avenir; et si alors le scandale remonte à ses auteurs, ils devront s'en accuser seuls.

Voilà, Monsieur, les détails que je devais à mes antécédents, et à l'administration à laquelle je m'honore d'appartenir.

Paris, 11 janvier 1840. E. PÉCLET, avocat.

Voyant que je ne pouvais arracher à la presse aucun moyen de publicité, je pensai à porter plainte en diffamation. Plusieurs avocats furent consultés à cet effet, Me Chaix-d'Est-Ange entr'autres.

Leur avis unanime fut que les éléments manquaient à une poursuite efficace ; que tout était pour le mieux, et dans le cercle des libertés de la presse.

Et bénissant la presse et ses bienfaits, je me soumis et me tus.

Un homme pressé par la faim, dérobe le pain qui apaisera ses entrailles déchirées... Il est enchaîné et flétri. — Un homme vole à un autre son honneur, et le brise dans sa carrière... Il pose impuni à la tête de l'ordre social. — Au premier la honte, au second les honneurs. Législateurs superbes, société irréprochable et accomplie, ne pourriez-vous donc modifier tant soit peu les rôles ?

On ne se relève jamais du scandale, alors surtout que par sa profession on se produit en relief dans la société. Cette vérité m'était sensible depuis mes débats à la police correctionnelle. C'était pour moi un dévorant besoin de retremper dans d'autres eaux ma robe notariale, sentant bien qu'après la femme de César, la réputation de l'officier ministériel est ce qu'il y a sous le ciel de moins impunément inviolable.

La vente de mon office était arrêtée.

Votre frère, Monsieur, m'entretenait souvent de vous ; vous étiez le prince des maîtres clercs parisiens : il serait si heureux de vous avoir près de lui! On vous offrait un emploi en Afrique... Gardez-vous de le laisser partir, m'écriais-je alors, de tels hommes appartiennent à la mère-patrie dont ils sont l'ornement et la gloire... Les vacances approchaient, et pour me distraire de ma mélancolie profonde, il me proposa d'aller saluer avec lui à Genève l'apôtre saint de la liberté.

Nous y courûmes sur les ailes du patriotisme et de l'amitié. Le berceau du grand homme nous vit silencieux et recueillis. De là à la statue de son immortalité il n'y a qu'un pas. La nuit descendait des montagnes, les bruits de la cité expiraient derrière nous. Le Contrat social s'était ouvert avec ses pages sublimes ; notre prière fut ardente, et les mains pressées, avec des larmes dans la poitrine, nous demandâmes d'être entendus. Alors, et comme intelligent de nos voeux, l'airain parut s'animer, le bras de l'apôtre descendre sur nous pour nous protéger et nous bénir ; oubliant la grande ombre, dans la double générosité du mort et du philosophe, que le blason de Landresse, déteignait, en y faisant tache, sur la robe vierge encore du républicain vertueux.

Heures solennelles, trop vite évanouies, il fallut s'arracher à vos charmes ! l'un, pour retrouver avec les joies de la famille ses clients impatients ; l'autre pour rentrer dans la solitude, et rêver à se refaire une carrière.

Enfin, selon les désirs continus de votre frère, et le 6 novembre 1835, mon étude passait sur votre tête, Monsieur, au prix de 65,000 francs. Il avait agi comme mandataire. Sa signature viendrait corroborer la vôtre. Sa fortune d'alors reposait dans son talent et l'avenir ; ce que de vous, Monsieur, je connaissais le mieux, était votre livre du notariat..... trinité fort honorable sans doute, mais qui pouvait paraître très pâle sous une échéance de 65,000 francs ; je me trompe, c'est 63,000, car au 3 novembre j'étais votre débiteur de 2,000 francs.

Il y avait donc eu plus d'entraînement que de prudence dans ma manière d'agir. L'évènement a prouvé que j'avais bien fait, mais de l'évènement à la loi de raison la distance est souvent immense.

Vous arriveriez très prochainement ; c'était de votre frère un engagement d'honneur, de moi une impérative condition. Il est un âge où chaque heure est un siècle. On n'a pas deux avenirs. Et des lettres écrites à Marseille et répondues de cette ville, venaient chaque jour solliciter et presser mon départ.

Vous n'arriviez pas, Monsieur, et chaque retard me pouvait être fatal. Vous vous reposiez du soin de vos intérêts sur la dualité du frère et du coobligé, et vous aviez raison, et pendant que vous succombiez aux adieux de la haute fashion, voici ce qu'il faisait, ce bon frère....

J'ai honte, vraiment, Monsieur, d'entrer dans d'aussi minutieux détails ; puisse votre patience ne pas me faillir. Mais saurait-on imputer à crime à celui-là qui se débat épuisé sur la rive, de recueillir autour de lui les débris épars qui viendront l'aider peut-être un jour à réparer son naufrage ?

Il était dit au traité : « 10,000 francs seront payés à » M. Édouard Péclet, lors de l'arrivée de M. Édouard » Clerc à Besançon.

Cette clause détachait évidemment mes intérêts de ceux de mon père.

Le jour du traité, 6 novembre, survenait une contre-lettre qui, rendant M. Clerc de Landresse débiteur solidaire des 65,000 fr., prix de l'étude, le lierait invinciblement à l'avenir de celle-ci.

Dans les 65,000 fr. étaient compris les *expéditions, grosses et brevets à délivrer*. Mais ce n'était pas assez pour votre frère qui connaissait le faible de la place, l'inanité des recouvrements. Familiarisé, par sa nature d'avocat, avec le droit d'accession, confiant dans le laisser aller de mon caractère, et les élans prodigues d'une reconnaissance à son aurore : « Vos rentrées, disait-il, » participent par trop de la fiction; votre étude est » trop chère, garantissez-moi une somme qui, venant » se compenser avec les 2,000 francs que vous nous » devez, en réduise le prix à 63,000 francs. »

Et après, et encore de sa voix la plus douce : « Vous » avez vendu à votre père les meubles de votre cabinet. » Que dira mon frère tombé de son comfort parisien, » dans cette lugubre Thébaïde ? Laissez-nous cela. »

Et à chaque phrase de lui, un sacrifice de moi. -- A chaque reproche, l'abandon de l'objet qui l'avait provoqué. Et je signais, écrite tout entière de sa main, et sans en retenir le double, la contre-lettre ci-après*. Des créances de l'étude, il n'est fait ce jour-là aucune espèce d'état. J'appelle toute votre attention, Monsieur, sur cette négligence très éloquente dans la cause. Mais M. Clerc de Landresse ne s'en occupait guères de ces créances; elles *vaudraient* ce qu'elles *vaudraient*. 2,000 francs *garantis*, perceptibles dans un temps donné avec l'intérêt légal du jour de la dette, lui souriaient beaucoup plus. Ce que, du reste, chacun avec vous, Monsieur, appréciera parfaitement.

---

* Entre Edouard Péclet, notaire,
et Clerc de Landresse, avocat, agissant comme fondé de pouvoir de son frère,
A été convenu ce qui suit :

Dans les objets cédés le présent jour par M. Edouard Clerc pour 65,000 fr., se trouvent comprises les rentrées à faire. Ainsi, les recouvrements se composant de déboursés de toute nature et honoraires qui se trouvent dus à M. Péclet par les *clients*, y compris ce qui est relatif aux exécutions testamentaires, les successions ouvertes ou non, appartiennent à M. Edouard Clerc.

L'entrée en possession de M. Edouard Clerc a réellement lieu à dater du présent jour. Ainsi tous les bénéfices de l'étude lui appartiennent dès cet instant; M. Péclet lui en rendra compte lors de son arrivée, et les avances que nécessitera le roulement de l'étude, il lui en sera tenu compte.

Dans le prix de 65,000 fr., les recouvrements à faire sont compris pour une somme de 2,000 fr. M. Edouard Péclet garantit que ces recouvrements s'élèveront à cette somme, et qu'ils pourront s'effectuer dans le délai de 2 ans. Après ce temps il sera fait compte des rentrées opérées, et de celles qui n'auront pu s'effectuer; et si M. Edouard Clerc n'a pas reçu 2,000 fr. pour cet objet, M. Edouard Péclet lui fera état de la différence, avec intérêts à dater du présent jour.

De l'interprétation, de l'extension de cette contre-lettre, on peut exciper tout d'abord, il est vrai, que vous aviez droit à tous les recouvrements. Mais gardons-nous d'un jugement irréfléchi; voici venir une pièce longtemps ignorée (sept ans seulement), que je me suis rappelée en naviguant sur mes souvenirs devoir être dans vos mains, dont la copie toute récente est dans les miennes aujourd'hui, grace du reste, Monsieur, à votre tout aimable obligeance.

Le délai pour votre arrivée expirant, j'organisais mon départ; toutes mes ressources étaient réunies, et le 25 novembre 1835, dix-neuf jours après le traité, remarquez bien ceci, cinq jours avant certaine cession *capitale* au procès, après les avoir offerts à votre frère, sur son refus de les acheter, je cédais à un sieur Bépoix, au prix de 500 francs, des titres au chiffre presque nominal de 2,689 francs 53 cent. *; insignés en partie,

---

M. Edouard Péclet a vendu ses meubles à son père, à l'exception de ceux qui garnissent l'étude. M. Edouard Clerc les rachetera au prix que M. Péclet père aura fixé, et la somme déboursée pour acheter ces effets, lui sera remboursée par M. Edouard Péclet, qui s'y oblige, et qui reconnaît que ces effets doivent être compris dans le prix de 65,000 fr.

Fait double à Besançon, le 6 novembre 1835.

Signé Edouard CLERC. Edouard PÉCLET.

* Voir à la fin le tableau de ces créances.

prescrits pour la plupart, tournant à l'olim, que ni M. Lanoix, ni M. Billot, ni moi, n'avions pu recouvrer, et dont le plus jeune né *minute* en 1830, voyait, sur l'échelle vermoulue des temps, remonter ses vénérables aïeux au 10 pluviôse an X.

C'est derrière cette vente, prétendue illicite, qu'avec ce courage qui vous distingue, vous vous retranchâtes, Monsieur, pour assiéger mon père, et l'amener à cette mirifique capitulation dont j'aurai l'honneur de vous entretenir tout à l'heure.

Des 10,000 francs à moi dus personnellement, venaient naturellement se déduire les 2,000 fr. de mon billet du 3 novembre. Le 1er décembre, et sur les 8,000 fr. dus encore, je vous priais, dans la personne de votre frère, d'acquitter à ma décharge, à des clients divers, une somme de 1,897 francs; le même jour était dressé un état détaillé de créances notariales ou personnelles que je vous cédais*; nos comptes étaient arrêtés (le livre de caisse d'alors doit l'établir), et de ce que je retenais sur ce que j'avais à vous remettre après réglement, et des 2,000 francs du billet du 3 novembre, se formait contre moi une dette de 2,116 francs que je paierais ainsi.

---

* Voir à la fin le tableau de ces créances.

« Je soussigné, Édouard Péclet, au moyen du paiement de 2,116 fr., effectué des deniers du sieur Édouard Clerc, cède et transporte à ce dernier, avec toute garantie de ma part, pareille somme de 2,116 fr., montant des créances d'autre part.

» M'engageant, dans le cas où, au 1er janvier 1838, M. Clerc, *après avoir toutefois fait les poursuites nécessaires*, n'aurait pu rentrer dans la totalité ou partie des créances cédées, de lui tenir compte de la différence, ainsi que de l'intérêt qui aura couru depuis ce jour à l'époque ci-dessus fixée.

» Étant bien entendu que, pour les sommes qu'il remboursera, M. Péclet sera subrogé dans tous les droits de M. Clerc, qui lui remettra alors les pièces nécessaires. *Signé* Éd. Péclet.

» Besançon, le 1er décembre 1835. »

Est-ce clair, Monsieur? la lettre du 6 novembre ne vous semble-t-elle pas dégagée de tous nuages sous les lueurs précises et concluantes de la cession du 1er décembre qui la vient compléter? même ou presque même somme, même durée pour le remboursement, même stipulation, si les titres ne sont pas encaissés.... Mais, direz-vous, il y a différence dans la somme, dans le point de départ et d'arrivée..... Oh, alors nous déchirons la contre-lettre du 6 novembre, nous crions *Novation*, et nous nous asseyons pour combattre de toute notre puissance sur cette dernière position. Engagez donc votre frère à venir à votre aide, un tel soin ne me paraissant nullement superflu.

Du reste l'engagement du 1er décembre, je me trompe, c'est pour vous du 6 novembre, fut de notre part fidèlement exécuté; et le 11 avril dernier, lors du solde avec mon père de ce que vous lui deviez, il vous fut remis *sur un simple état, sans justification de poursuites*, double faveur que vous sûtes vous ménager par la transaction qui va venir, et par dérogation à un titre qu'un des contractants ignorait, la somme de 1,100 fr. en échange des créances par vous non encaissées, qui dans ce dernier cas me feraient retour, après vous avoir été remboursées.

Mais alors il y eut erreur à votre préjudice...... N'allez pas trop vous étonner..... Une fois par hasard..... En invoquant la cession du 1er décembre vous aviez droit à 116 fr. de plus. J'eusse été un malhonnête homme de ne pas vous signaler ce boni.... que je m'estime heureux, Monsieur, de tenir à votre première disposition.

Las enfin d'attendre, je partis *autorisé* de votre frère, confiant dans son amitié pour m'excuser auprès de vous, et me reposant des détails sur M. By mon Maître clerc d'alors. Quant à la présentation aux clients, vous l'avez vous-même reconnue depuis parfaitement inutile.

A quelques jours de là je traitais à Marseille, au prix de 100,000 fr. d'une étude de notaire; 60,000 fr. seraient payés dans les deux mois du traité, délai fatal passé lequel une indemnité de 20,000 fr. incomberait à celui qui n'aurait pas exécuté la convention. Mon père, pour m'aider à la remplir en recevait l'avis aussitôt.

Besançon vous possédait enfin dans ses murs, Monsieur; le 3 décembre, la vente de l'étude était par vous ratifiée; le 6, vous comptiez à mon père 17,000 fr. sur les 25,000 fr. qui lui revenaient; sur les 10,000 fr. à moi dus, 2,000 fr. venaient en imputation, ceux-là même de mon billet du 3 novembre, qui, réunis aux 116 fr. que vous savez, motivent la cession du 1er décembre. Ce double paiement impliquait, ce me semble, l'exécution du traité, que mon père, plus intelligent des affaires ou moins *inti midé*, aurait pu, je crois, opposer avec quelque succès à vos pyramidales prétentions.

Mais aucune lettre ne me venait d'ici. Mes angoisses étaient cruelles, et plus critique chaque jour ma position, sous l'inexécution de mes engagements dans une ville ou j'étais étranger. Et ce silence, les persécutions dirigées contre moi, me l'ont depuis expliqué.

Une lettre arrive enfin qui m'apporte le désespoir, mon père ne réaliserait pas mes engagements, parce que ma nomination n'aurait pas lieu. M. Clerc l'assurait ainsi; c'était vous, Monsieur, qui commenciez alors cette lutte incessante, où toute force ne vous venait que de l'absence du fils, de la funeste crédulité du père.... « Je ne vous en veux plus, écrivais-je au » dernier, de votre conduite, vous avez à faire à un... » Il y a dans le notaire une impudeur incroyable, » dans l'avocat une grande faiblesse. Vous trouverez » ici les copies des lettres adressées aux deux Clerc et » au procureur du roi. En me communiquant les » coups à mesure qu'ils étaient portés, vous m'auriez » évité des lettres pénibles, et ma position ne serait » pas aussi critique.

» Ce que je vois de plus clair c'est que M. Clerc » cherche à profiter de mon absence.... tenez ferme.... » vous savez que quand j'ai tort, ma faiblesse est aussi » grande, que grande mon énergie quand je suis dans » mon droit. Ici je ne reculerai pas d'une semelle, » dussé-je périr en me défendant. »

(Je ne croyais pas dire si vrai.)

» De l'énergie, une fois encore, nous sortirons » de là victorieux, c'est une seconde affaire Laguesse.

» L'indignation m'empêche d'enchaîner mes idées ; » portez tout au procureur-général.

» Demandez donc à Clerc l'avocat la *contre-lettre » relative aux créances cédées*, retirez-en un double.

» N'allez pas me contrecarrer et faire de la faiblesse. » Autrement tout serait perdu.

» Marseille 1er janvier 1836. »

Avant de citer encore, je vous demanderai, Monsieur, chez lequel de vos confrères doivent être déposées les lettres que j'invoque. Vous pourriez m'accuser de les avoir créées pour la circonstance. Aussi n'ai-je pas cru tout-à-fait inutile de placer à côté du timbre et de l'unité dont elles se lient, les moyens d'une communication facile et protégée *.

Le temps courait à pas de géant. Le terme fatal des 60,000 fr. m'apparaissait menaçant sous de sombres nuages, dans un avenir à chaque heure plus prochain. Hors de moi j'accours à Besançon ; dix jours encore, le mal était sans remède, je restais sous l'indemnité

---

* Marseille, 2 janvier 1836.

Croyez-vous maintenant, mon père, que la conduite de M. Clerc ne soit pas ....

Vous vous effrayez trop de la qualité de certaines gens. A quoi bon ménager monsieur le notaire Clerc? Nous n'avons pas besoin de lui. N'allez pas improuver ma conduite. Plus que jamais il nous faut de l'unité. On compte trop sur votre prétendue faiblesse, et la position où je me trouve. C'est de vous qu'on se sert pour m'effrayer.

J'ai annoncé votre visite au procureur-général, prenez sur vous cette visite. Tout est là.

Gardez-vous de donner un sol à Clerc, il faut se défier.

Et le 4 janvier.

J'ai eu ce matin une explication provoquée par M. Dalmas (c'était mon vendeur à Marseille), il ne peut rester plus longtemps dans une position aussi fausse et aussi préjudiciable aux intérêts de tous les deux. Je lui ai tout conté, il est indigné contre Clerc et me plaint sincèrement. Du reste comme je ne prétends recevoir de grace de personne, je lui ai garanti d'honneur, le cas arrivé de non exécution du traité, le paiement des 20,000 fr. de dédite, en supposant même, ce qu'il nie comme moi, que cette clause fût nulle.

Obligez-moi de vous tenir sur vos gardes, et surtout de voir le procureur-général.

stipulée de 20,000 fr. Vivement sollicité mon père hésite.... *Tu ne seras pas nommé* était toute sa réponse. *Vide l'affaire avec Clerc.* Je cours chez M. Girard, j'attends, vous y arrivez enfin, et de vos réclamations exorbitantes et vides je n'emporte avec moi, Monsieur, que la pitié du dédain. Je retourne chez mon père, le presse, le traîne enfin à Marseille, d'où après avoir donné sa signature, il repartait en toute hâte pour trouver l'argent qui ferait face à une échéance de 60,000 fr. au 15 avril, et retomber palpitant au milieu de vos tortures.....

Je respirais enfin....

Il fallait pour ma nomination un certificat de *moralité* à délivrer par mes confrères. Quoique vivement sollicité, il n'arrivait pas? Ne sauriez-vous, de cet innocent silence, me révéler la cause? Vous, Monsieur, l'autocrate alors de la chambre. Mais votre temps d'alors s'utilisait fort bien chez elle, comme chez mon père, chez la première qui violentée, refuserait un certificat, chez le second, qui effrayé, essaierait d'acheter son repos, votre silence, et ma nomination d'une somme ronde de 2,000 fr. sortie de ma poche, ou plutôt qui n'y est jamais entrée, due encore qu'elle est par vous.

La situation allait se compliquant chaque jour, on passait au second acte du drame. Mon père brisé avait appelé à lui M. Girard avoué. Une note textuelle de ce dernier colorera la situation mille fois mieux que je ne le pourrais faire *.

---

* Dans la discussion qui s'est élevée entre M. le notaire Clerc et M. Edouard Péclet, il y a certaines choses dont M. Péclet père ne doit pas s'occuper, on entend parler de ce qui regarde les procédés de l'un à l'autre et le produit de l'étude vendue. On ne répondra donc pas à tout ce qui a été dit à cet égard, parce que d'une part ce sont des faits qui pouvaient être facilement vérifiés, tels que le produit de l'étude et les notes données à cet égard, et que de l'autre, M. Péclet père, tout en regrettant que son fils ne se soit pas mis en rapport avec M. Clerc, pense qu'en ne le faisant pas, son fils n'a nullement compromis les intérêts de ce dernier.

La première objection dont il doit s'occuper, est relative au recouvrement des créances. Dans le fait, suivant le traité secret, une somme de 2,000 fr. est mise comme montant des recouvrements à faire pendant le délai de deux ans, c'est-à-dire jusqu'au 6 novembre 1837 : Edouard Péclet a garanti que les recouvrements s'élèveraient à ce taux, et si le contraire avait lieu, alors Edouard Péclet s'obligerait à parfaire la somme de deux mille francs.

Dès-lors Edouard Péclet a vendu des expéditions d'actes passés pour la plupart dans des temps très reculés, et non revêtues de la signature de M. Lanoix; cette vente a été faite à forfait. M. Clerc prétend qu'Edouard Péclet n'avait pas le droit de disposer de ces expéditions, parce qu'elles constataient une partie des recouvrements à faire dans l'étude, et que du reste ces papiers lui étaient cédés.

Edouard Péclet prétend n'avoir disposé des expéditions dont il s'agit, qu'ensuite d'une explication avec M. l'avocat Clerc, explication de laquelle il serait résulté que tous deux étaient d'accord pour considérer ces papiers comme dépourvus de toute valeur.

Mais la lutte était inégale... M. Girard ne pouvait toujours être debout sur la brèche. Avec ma nomination déjà plus qu'incertaine, mon avenir perdu,

---

Le traité secret qu'on invoque ne spécifie rien sur les bases du recouvrement, il dit seulement que dans le prix de 65,000 fr. les rentrées ont été comprises pour la somme de 2,000 fr., en exprimant que ces rentrées pourraient s'effectuer dans deux années.

Il est donc laissé à la discrétion de M. Clerc de faire les diligences convenables pour opérer les rentrées possibles, et la condition pour cela, c'est de laisser écouler un espace de deux ans. Supposons pour un instant qu'au bout de deux années, M. Clerc ait recouvré une somme de 2,000 fr.; alors il sera bien évident qu'Edouard Péclet ne sera pas obligé à lui rendre une somme. Dans la supposition contraire, Edouard Péclet devrait, mais dans deux ans seulement, une somme de 2,000 f.

L'affaire des recouvrements a du reste été traitée avec une entière confiance, puisqu'il n'a pas été fait inventaire double des sommes à recouvrer; ce qui fait qu'Edouard n'a aucun moyen de contrôle, que M. le notaire Clerc est resté en possession de tout. On ne s'en plaint pas, mais on en fait seulement l'observation dans le but d'établir que c'est à tort qu'on accuse Edouard Péclet d'un fait qui n'entraînerait aucun préjudice à M. le notaire Clerc, quand même il ne serait pas la suite des conventions.

En résumé sur ce point, M. le notaire Clerc ne peut pas dès maintenant réclamer à Edouard Péclet 2,000 fr., valeur des recouvrements à faire, parce que le traité fixe deux ans pour opérer les rentrées dans l'étude qui lui a été vendue : pas de doute que si, le 6 novembre 1837, M. Clerc n'a pas touché des sommes dues à l'étude pour 2,000 fr., alors Edouard Péclet ne doive lui faire cette somme, mais jusque-là M. Clerc n'est pas son créancier à cet égard.

Si Edouard Péclet a reçu des sommes depuis le 6 novembre dernier, au jour de son départ, il faut savoir en quoi elles consistent; elles feront article à valoir sur la somme de 2,000 fr., montant des recouvrements à faire.

Relativement au mobilier, quelques discussions ont eu lieu; à cet égard mon père voyait compromis ses 60,000 fr., et bientôt M. Clerc appliquerait le mode de perception qu'il avait découvert.

M. Girard m'écrivait encore le 3 mars *.

---

comme à tous autres, M. Péclet père entend exécuter le traité, c'est pour quoi il est tout prêt à donner à M. Clerc les meubles que celui-ci a le droit d'avoir. On a parlé du changement d'un bureau : c'est une affaire fort peu importante : le fait est vrai en lui-même, mais il ne peut motiver aucune réclamation, puisque M. l'avocat Clerc traitant pour son frère, n'a attaché aucune importance à ce que ce dernier eût plutôt un bureau qu'un autre, ainsi qu'il l'a exprimé.

Une somme de 2,000 fr. environ doit être rendue à M. le notaire Clerc ; on est tout prêt à lui en faire état, aussi bien que de toute autre somme qu'il justifiera avoir payée à la décharge d'Edouard Péclet.

Les explications qu'on vient de donner suffiront sans doute pour éloigner toute idée de débats judiciaires annoncés dès longtemps à M. Péclet fils. Son père a négligé de relever l'amertume des reproches que M. Clerc a cru devoir lui faire; répondant à ses prétentions, il a cherché à être modéré, mais il ne fléchira pas ; il engage donc M. le notaire Clerc a vouloir bien donner suite à un arrangement amiable sur les difficultés qui font l'objet de cette note.

* Besançon, le 3 mars 1836.

Mon cher Edouard,

Il s'agit de terminer notre affaire avec MM. Clerc, je viens m'entendre avec vous pour cela; mais, avant d'entrer dans des détails, je dois vous prévenir qu'il faut abandonner l'idée de pouvoir vous autoriser de circonstances particulières de paroles données et autres choses semblables; il faut en un mot partir des écrits seuls.

Le notaire Clerc, prétendant avoir été trompé, supposant beaucoup et prouvant fort peu, demande, sans plus ample informé, une diminution de trois mille francs sur le prix de sa charge; il argumente maintenant comme

« Pouvant mieux que personne, lui répondais-je » le 7, être bon juge dans cette affaire, je viens » vous prier d'engager mon père à poursuivre vivement » M. Clerc, et à le débarrasser des importunités de ces » messieurs. Je déclare que je ne reconnaîtrai nulle- » ment l'indemnité qu'on pourra donner : encore une » fois, qu'ils s'adressent à moi. »

Efforts impuissants, il fallait succomber. La veille, le 6 mars, j'avais écrit encore à mon père : « Je vous » répète que leurs menaces sont vaines, envoyez-les » promener. »

---

il l'a fait dans ma chambre, et a présenté des réclamations qu'il fait valoir il entend ne payer que lorsqu'on l'aura satisfait.

Je ne suis pas dupe de son système, vous le pensez bien, mais ce n'est pas de cela qu'il s'agit : comment fera-t-on avec lui? car enfin il est certain que vous avez disposé de papiers tenant à l'étude, en vendant à Bépoix les expéditions dont nous avons parlé. Peut-être avez-vous touché quelques sommes lui revenant; peut-être lui avez-vous fait quelques promesses cachées jusqu'à présent? Dites tout ce qu'il y a de vrai dans votre position à son égard, et mettez-nous à même d'en finir.

Je vous écris pour votre père, qui a le chagrin dans le cœur, et dont la tête se perd au milieu des embarras successifs qu'il éprouve.

Faites-moi une réponse franche et catégorique; car, vous le savez, il faut en terminer. Quelle somme peut-on allouer à M. Clerc pour transiger sur tout? Voilà le nœud de notre affaire, aidez nous à le dénouer.

Je vous salue affectueusement. *Signé* L. G. GIRARD.

Je cite littéralement, Monsieur, par mon grand amour de la couleur locale.

Enfin, le 25 mars, après 3 mois et plus d'une attaque et d'une résistance acharnées, M. Clerc triompha...., magnifique triomphe ! dont il ouvrait cette carrière notariale où il s'allait couvrir d'une si noble poussière. Combien ne dut pas être fière l'heure mémorable qui salua la naissance de cette transaction-modèle que je livre à la postérité comme prototype des transactions passées, présentes et futures *.

---

* Les soussignés,

M. Joseph Péclet, ancien négociant, demeurant à Besançon, rue Clos-Saint-Paul,

« Agissant en son nom personnel et comme mandataire de M. Jean-Philippe-» Edouard Péclet, son fils, ancien notaire à Besançon, suivant procuration » en brevet devant Me Bugnottet, le 25 novembre 1835, dont l'original sera » représenté, s'il y a lieu, *d'une part;*

Et M. Charles-Edouard Clerc, notaire à Besançon, y demeurant, Grande-Rue, n° 28, *d'autre part;*

Ont dit et arrêté ce qui suit :

Des difficultés se sont élevées entre MM. Clerc et Péclet au sujet de l'exécution du traité par lequel M. Clerc a acquis de M. Péclet fils sa charge de notaire à Besançon, et M. Clerc faisait à divers titres des réclamations dont il demandait que le montant fût déduit sur le prix du traité.

Après quelques conférences, les soussignés sont enfin demeurés d'accord qu'il serait accordé à M. Clerc, pour *toutes ses prétentions*, une indemnité de 2,000 fr.

En conséquence, ils ont arrêté entr'eux le compte suivant :

Le 28 mars, mon père m'annonçait cette transaction : « Un procès avec les Clerc, disait-il, ne m'aurait

Le prix principal du traité s'élève à.			65,000 fr.	»
Sur quoi, déduisant le montant de la délégation faite à M. Lanoix, de.			30,000	
Il restait pour M. Péclet, 35,000 fr.			35,000	
Sur cette somme il y a lieu de déduire :				
1° L'indemnité convenue de 2,000 fr. .	2,000 fr.	»		
2° 2,000 fr. *payés comptant* à M. Péclet fils, ci.	2,000			
3° Et une somme de 1971 fr. 38, que M. Clerc a été chargé de payer en l'acquit de M. Péclet fils, ci.	1,971	38		
Total. . . .	5,971	38	5,971	38
Au moyen de quoi, il ne restait plus dû par M. Clerc à MM. Péclet que 29,028 62, ci.			29,028	62
Les intérêts de cette somme, depuis le 6 novembre dernier, jour du traité, jusqu'au 6 décembre suivant, sont de. . .			120	83
Ensemble.			29,149	45
Ce même jour 6 décembre, M. Clerc a payé à M. Péclet père 17,000 fr., ci.			17,000	
En conséquence, M. Clerc reste devoir aujourd'hui à M. Péclet 12,149 fr. 45, ci.			12,149	45
A l'instant, il a encore payé à M. Péclet père, qui le reconnaît, la somme de 5,149 fr. 45, qu'il *avait à sa disposition depuis le mois de décembre, et qui n'a pas dû produire dès lors d'intérêts*, ci.			5,149	45
Par suite de ce nouveau paiement, M. Clerc ne doit plus à M. Péclet que la somme principale de 7,000 fr. sans préjudice des 30,000 fr. délégués à M. Lanoix, ci. . . .			7,000	»

Cette somme de 7,000 fr., par dérogation au traité, et d'après une con-

» pas donné d'écus, le 15 approche et je ne suis point
» en mesure, ce qui m'inquiète beaucoup. »

---

vention nouvelle des parties, ne sera plus exigible que le 1er mai 1837, avec intérêts à 5 p. % depuis le 6 décembre dernier.

Cette somme appartient à M. Péclet père, en vertu de la délégation faite à son profit par le traité, et attendu que M. Péclet fils est *complètement rempli des* 101,000 *fr. qui lui revenaient dans le prix du traité, par les retenues et paiements faits précédemment.*

Au moyen de l'arrangement qui précède, M. Clerc renonce expressément à toutes les réclamations qu'il avait élevées contre M. Péclet, tant sur le traité lui-même que sur son exécution.

Il approuve notamment la cession de recouvrements faite par M. Péclet au sieur Bépoix, et il renonce à rien répéter à ce sujet.

Enfin il reconnaît que M. Péclet lui a livré tous les meubles et objets mobiliers compris dans le traité, *comme aussi qu'il n'a aucun compte à lui demander pour les sommes qu'il a pu toucher à titre de recouvrements, depuis le jour du traité jusqu'à l'arrivée de M. Clerc à Besançon.*

Mais il est bien entendu que toutes les clauses du traité auxquelles il n'est pas formellement dérogé par ces présentes, continueront de recevoir leur exécution, et notamment celle relative à la garantie des recouvrements jusqu'à concurrence de 2,000 fr.

Ainsi, dans le cas où, dans les 2 années depuis le traité, M. Clerc n'aurait pas reçu la somme de 2,000 fr. sur les créances et recouvrements que M. Péclet lui a laissés, il aura droit de se faire rembourser par M. Edouard Péclet le montant de la différence existant entre ce qu'il aura pu recouvrer et la somme de 2,000 fr., garantie, avec les intérêts de cette différence depuis le 6 novembre dernier, jour du traité; ce remboursement aura lieu sur le *simple état* que fournira M. Clerc, et *sans qu'il ait à justifier d'aucune poursuite contre les débiteurs.*

Pour l'exécution des présentes, M. Péclet, audit nom, fait élection de domicile à Besançon en sa demeure susdite, et M. Clerc aussi à Besançon, en son étude.

Fait *triple* à Besançon le 25 mars 1836. *Signé* Edouard Clerc. — Approuvé l'écriture *Péclet.*

Et voici ce que lui portait ma réponse du 3 avril :
« Je ne pardonnerai jamais à ces.... Clerc, d'avoir
» profité de vos ennuis pour vous...; c'est un... ; je
» me réserve le plaisir de le leur dire en face. Si le
» traité avec les Clerc n'était pas définitif, ne donnez
» pas un sou, je vous en supplie par respect pour tous
» les deux. Je ne comprends pas que Girard n'ait pu
» vous communiquer le sentiment de notre bon droit.

» Vous ne sauriez croire combien cet abandon de
» 2,000 fr. me froisse le cœur. Je ne comprends pas
» qu'il se rencontre des gens qui osent.....; aussi
» maintenant, je n'ai qu'un désir, c'est que votre
» religion soit bientôt éclairée. »

Qu'avait fait votre frère? il avait été neutre à me défendre, lui, mon contractant, mon *ami*. Je ne sais plus chez quel peuple se flétrissait la neutralité, cette négative vertu.... Qu'ils s'arrangent disait-il, quand son témoignage était invoqué.... paroles très commodes sans doute, mais pour moi peu généreuses. N'eût-il pas dû, jaloux de justifier d'avance cette appellation ambitieuse qu'il me doit, d'homme *d'honneur* et de *cœur*, jeter pour moi, contre son frère, l'autorité de la parole donnée; l'empêchant ainsi par là de s'avancer sur le corps d'un ami pour en faire un cadavre ? Ma confiance en lui n'était-elle pas entière ? presque étourdiment aveugle? Cette cession du 1er décembre, point culminant de l'édifice, qui, sinon un fou ou un ami, l'eût remise sans en retirer un double ? Savez-vous, Monsieur, ce que m'a coûté de tortures cet instant d'une stupide confiance ?... Oui je le sens trop tard et le dis enfin tout haut.... votre frère, Monsieur, a méconnu son devoir.... Il pouvait tout prévenir.... Le devoir, je le veux, aurait été alors hostile à ses intérêts ; car il est de nos jours des suicides impossibles, à ceux-là surtout qui, à défaut de la stoïque vertu des anciens, crurent un moment profitable de revêtir, avec leur nom superbe, les semblants de leur robe pure et de leur courage héroïque.

Relisons, je vous prie, Monsieur, votre transaction, si digne d'un tel soin. Mais une question, avant de m'y engager, pour en sonder en le retournant chacun de ses replis.

Pourquoi, Monsieur, contre mon père ces poursuites qui ne le regardaient pas ? De lui on ne se souciait guère, alors qu'on traitait avec moi, et à son insu, une affaire de 65,000 fr. Et quand il s'agit d'un contrat émané de moi seul d'abord, d'interprétations que seul je pouvais faire, de réclamations dont je pouvais seul apprécier le mérite, vous me négligez, Monsieur, pour attaquer à l'improviste de vos forces réunies, un ennemi surpris, isolé. Lutte inégale du fort contre le faible, du notaire littérateur, du jurisconsulte profond, rompu à toutes les délicatesses du langage, aux plus subtiles arguties du droit.... et contre qui? contre un humble négociant qui ne puise plus dans la vigueur de l'âge, ni la netteté des idées, ni l'énergie d'une résistance invincible. Il n'était, vous le savez, qu'un simple accident de l'affaire; ayant échangé, ainsi qu'il eût pu être de tout autre, une somme de 25,000 fr. contre le privilège de l'étude. A quoi donc imputer cet isolement où vous me laissiez? à une délicate attention? je vous remercie.... Craigniez-vous que mon nom retentît devant les tribunaux? mille graces..... N'y avait-il plus de juges à Besançon? A Marseille étais-je trop loin pour devenir votre intimé? prenez garde, Monsieur, que j'étais ici, et par le domicile réel, n'ayant pas six mois d'une résidence nouvelle, et encore par le domicile élu. Ah! j'oubliais.... c'était pour me ménager dans l'estime de mes collègues, qui tenaient mon avenir suspendu à leur plume.... Oh! cette fois je ne saurais m'incliner trop bas de mon plus profond salut....

Eh bien, Monsieur, les causes de cette gracieuse préférence, les voici : Mon père, vous le savez, était indisposé, et par le traité même, et par les clauses secrètes qu'il supposait entre nous. Appelé dans le débat, j'eusse, vous le pressentiez, fait briller des armes *cachées.* Atteint dans l'honneur entamé de son fils, menacé, ma nomination manquant, de perdre une partie des 60,000 fr. confiés à la charge de Marseille, client naissant de votre frère l'avocat pour une somme de 50,000 fr., chancelant, épuisé, au milieu de ce labyrinthe où vous l'engagiez, privé, pour se former une conviction quelconque, de l'élément *essentiel* et primitif de la cause, la cession du 1er décembre, qui toujours lui fut célée; cerné, traqué, étouffé, étourdi sous des feux croisés et roulants, n'offrait-il pas une proie facile? Et les créances Bépoix, ne se convertissaient-elles point à ses yeux, comme aux yeux de la chambre, sous l'insidieuse fantasmagorie du langage, en *minutes, grosses*, toutes pièces qui *très importantes,* ou de leur nature inhérentes à l'étude, auraient attiré dans leur fuite criminelle, les stigmates flétrissants du parquet? Près de ces *titres*, de ces sommes, enlevés, détournés, ne pouvait-on entendre un certain bruit de chaînes, sentir un parfum de bagne, s'étendre, en y planant, sur ce drame d'intérieur dont vous étiez, Monsieur, le héros magnifique? Qu'un père ne doute pas de l'honneur de son fils, avant de raisonner, il a peur; et s'il a sous ses adversaires l'infériorité de l'éducation, de la position et de la naissance; si des faits habilement miroitant, il ne peut opposer la preuve évidemment contraire, avant de raisonner, il a peur; et dans sa panique honorable il paie, espérant, crédulement prodigue, racheter avec son repos et le silence de ses adversaires, la sécurité ébranlée de ses capitaux, et l'honneur entamé de son nom.

Et cette transaction, immonde terrain sur lequel on glisse de surprise en surprise, sur quelles bases assise? je vous prie. Les causes du litige y sont-elles signalées? à quoi bon?..... Au fronton du temple où nous attendent les plus insignes merveilles, on lit, gravé en lettres d'or resplendissantes: « *Il est accordé à* » *M. Clerc pour toutes ses prétentions, une indem-* » *nité de 2,000 fr.* »

Et laquelle me compterez-vous, Monsieur, pour toutes vos infamies?

Les prétentions de M. Clerc... Quelle impudence!!! le mot résume l'homme... Et sans les avoir même formulées, à moins qu'elles vous apparaissent telles, Monsieur, dans cette ténébreuse logomachie que je disséquerai bientôt d'un impitoyable scalpel.. Ses prétentions... Ne dirait-on pas le *væ victis* de Brennus, moins toutefois le courage et la franchise du Gaulois?

Et au bout de ces prétentions qu'y a-t-il pour vous et contre moi, Monsieur? 2,000 fr. que vous me devez, ci. 2,000 fr.

Et les intérêts de cette somme du 6 novembre 1835, à pareil jour de la présente année 1843..., huit ans. Ce qui à 100 fr. l'an donne au total 800 fr. ci. 800 fr.

Ensemble. 2,800 fr.

N'allez pas croire de grace, Monsieur, que je me plaigne en aucune façon qu'il ait pu vous plaire de frapper sur moi ce très modeste impôt... Arrière une pensée si cupide... Ne suis-je pas largement indemnisé du sacrifice, et par ces lignes binveillantes auxquelles nous allons aborder, et par l'évangélique emploi que vous n'aurez pas manqué d'en faire, ainsi qu'il arrive de ce qui est d'alluvion ou d'accident ?... Qui donc peut oublier que vous avez vos pauvres ?

Et plus loin ; d'honneur j'ai vraiment honte de signaler de semblables misères, à savoir : les intérêts de 5,149 fr. 45 cent. que vous ne payez pas à mon père, par cette raison concluante et sans réplique, que la somme était à sa disposition depuis le 1er décembre 1835... Ce qui, de cette date au 25 mars 1836, *trois mois vingt-cinq jours*, aurait amené la bagatelle de 96 fr. 09 cent. qui réunie aux susdits 2,800 fr. »» donnerait le jour à la légère somme de 2,896 fr. 09 cent.

A votre place, moi, Monsieur; j'eusse rédigé ainsi : « Je ne paie pas les intérêts de 5,149 fr. 45 cent., parce » que je n'ai pu ou voulu payer le capital à échéance. »

Cette rédaction, plus claire et plus originale, eût offert l'avantage rare de se relier intimement à la haute comédie.

Et encore 131 francs 50 centimes pour sept titres qui,

représentant ensemble cette somme, auraient dû être remis à mon père, qui les remboursait le 11 avril 1843. Cette remise a été jugée inutile par M. Clerc, qui se trouve parfaitement en règle, selon sa note manuscrite ci-après*. Lesdits 131 fr. 50 c., avec les 2,896 fr. 09 c. de plus haut, donnent en totalité le chiffre de 3,027 fr. 59 cent.

2,000 fr. payés *comptant à M. Péclet fils*. Sans périphrase, ceci s'appelle un mensonge. Pour payer, il faut devoir. Au 3 novembre, loin d'être votre créancier, j'étais débiteur de votre frère, Monsieur, ainsi qu'il résulte de mon billet de ce jour, à son ordre.-- Au lieu de ces mots *payés comptant*, il fallait rédiger ainsi : 2,000 fr. *compensés à mon profit au moyen* de son billet à ordre du 3 novembre, et *remis ce jour à M. Péclet père*. Cette rédaction, tout en démontrant un fait vrai, eût eu pour moi le mérite de ne pas me

---

* Pour en finir, et quoiqu'il ne doive absolument rien, M. Clerc remettra, sur une *décharge définitive et pour solde de tout compte*, 91 fr. 52, qui forment les 131 fr. 50 réclamés, sous la déduction de 39 fr. 98 c., montant de la pièce Dupont. Si cette offre n'est pas acceptée, M. Clerc ne voudra plus entendre à aucune autre proposition (l'auteur a voulu sans doute dire, réclamation). Il a tout payé et a quittance et décharge pour solde. Il ne fait donc qu'une concession de bon vouloir. Besançon, le 22 juillet 1843.

laisser pendant sept ans et plus sous le coup de cette dette acquittée. Sans ma mémoire assez heureuse, et surtout sans votre probité, il serait encore en vos mains, desquelles, sur la demande de mon père inspirée par moi, il n'a été retiré que le 25 juin de la présente année 1843. Vous, très habile, me direz-vous, quelle fin de non paiement j'eusse opposé à ce billet présenté ou par vous, ou par un tiers porteur? J'attends.......... Quel bonheur pour moi que vous soyez honnête homme, ou que jusqu'ici ma signature ne vous ait pas semblé à la hauteur d'une somme de 2,000 fr.!!!

Nous admirons toujours. *La somme de* 7,000 fr. restant à payer appartient à M. Péclet père, attendu que son fils est *complètement rempli des* 10,000 *fr. qui lui revenaient, par les retenues et paiements précédents.*

Qu'en dites-vous? ne vous faut-il pas avec la majesté du lieu toute votre gravité professionnelle, Monsieur, pour ne pas rire à de pareilles bouffonneries?

Continuons...

Il approuve notamment la cession de recouvrement faite par M. Péclet au sieur Bépoix, et il renonce à rien répéter à ce sujet.

Générosité grande, trop grande vraiment; aussi ne

l'accepté-je pas, la renvoyant dans sa robe d'innocence à son très honorable auteur.

Sachez-le, Monsieur, cette cession n'appelait nullement votre sanction. Je l'opérais de par mon droit que j'établirai chez qui, et en temps qu'il appartiendra ; de par votre frère, et sur son refus de se l'appliquer pour vous. Et si les arguments de fait et de droit me venaient à manquer, il me reste, en dernière analyse, la parole, l'honneur de votre frère qu'il ne saurait ni oublier ni méconnaître... J'aime du moins à le croire.

Un aperçu rétrospectif sur cette cession.

Le 6 novembre 1835, venteà M. Clerc de mon étude, et de ses recouvrements moyennant 65,000 fr.

Contre-lettre du même jour garantissant ces recouvrements pour 2,000 fr.

Le 25 novembre, cession à Bépoix, au prix de 500 fr., de ces fameuses créances, opérée au su de votre frère, dans mon étude, déjà la vôtre, où il venait chaque jour, devant mes clercs, à ciel ouvert, avec une procuration pour poursuivre reçue le même jour de Me Bugnottet.

Le 1er décembre, état détaillé de créances s'élevant à 2,116 francs. Dans cette somme figurent des créances verbales ou par billets, sans aucune cause notariale, purement personnelles, pour 697 francs 8 centimes.

Au dos de l'état, garantie par moi de cette somme de 2,116 fr, qui compenseraient les 2,000 fr. du billet du 3 novembre, et les 116 fr. retenus, autant qu'il m'en souvient, sur le réglement du 1er décembre.

Remise de l'état à votre frère pour vous.

Par vous acceptation de l'état et de la convention qui s'y rattache, par sa détention du 2 décembre à ce jour.

De cet exposé il appert à la plus vulgaire intelligence, que cette cession par sa lettre et son esprit, n'avait d'autre objet que de couvrir M. Clerc d'une somme de 2,116 fr.

Très curieux de ma nature, je demanderai, Monsieur, pourquoi, ni à mon père, ni à M. Girard, ni à personne, il ne fut jamais donné connaissance de la cession fossile du 1er décembre. Pourquoi dans la transaction pas un mot du billet du 3 novembre? craigniez-vous que produit, il ne menât à la découverte de la vérité dont il est l'âme? pourquoi de votre part, cette prudente dérogation à la cession du 1er décembre que vous subissiez à votre insu.... Échappe-t-on au glaive de sa conscience et de la vérité? Le remboursement des créances aura lieu sur le *simple état* que fournira M. Clerc, et *sans qu'il ait à justifier d'aucune poursuite contre les débiteurs*. La cession du 1er décembre disait : *Après avoir fait toutefois les poursuites nécessaires*. A vous, prince du notariat ; m'appartient-il, devant cette double loi que vous m'avez faite, de donner des leçons ? De tout temps la remise du titre libérant s'est faite au débiteur libéré. Contre ses écus donnés elle revenait de droit à mon père. Ici pourquoi l'exception ? Pourquoi toujours dans l'ombre le dernier titre de 2,116 fr. ? D'où l'abandon des 116 fr. qui vous revenaient ? A quoi donc imputer ce haut désintéressement ? Pour Dieu c'est trop de générosité, et je me vois forcé de vous rappeler une dernière fois encore que la susdite somme est toujours à votre disposition... *Cæsari, quod ad Cæsarem.*

Mais qui prouve l'existence de cette cession dont vous vous autorisez tant ?.... vous écriez-vous.... Rien,... Monsieur, sinon votre honneur et la copie qui en fut prise le 25 juin dernier. Et si je niais cette pièce, criez-vous encore ? où s'en iraient vos solides arguments ? Eh bien, je vous mets au défi de nier cette pièce.... Osez-le !... Mais non, vous êtes trop habile pour vous enferrer sous une pareille maladresse.

Et je veux maintenant n'avoir pas eu le droit de céder ces créances qui, prouvées miennes, laissent votre transaction s'écrouler dans le vide avec vos spécieux échafaudages... Pourquoi 2,000 fr. pour une valeur de 500 fr. par moi obtenue? mon marché était-il frustratoire? non... la preuve, c'est que vous, cessionnaire de la meilleure partie de ces créances, n'en avez pu tirer un sou en sept ans. Vous avez même pris sur vous, Monsieur, le soin d'une preuve plus concluante; car je lis, dans votre règlement pour solde du 11 avril dernier, qu'il vous sera compté 50 p. % sur les recouvrements à opérer de ces créances, que vous espériez garder, quoique devenues propriété de mon père, par le paiement qu'il en avait opéré.

Devant ce fait, je dis, moi, sans un grand effort de logique :

Ces créances étaient mauvaises ou bonnes.

Mauvaises, -- elles ne valaient pas 2,000 fr.

Bonnes, -- les 50 p. % de commission étaient légèrement exorbitants.

Mais je vous entends crier du fond de vos retranchements :.. Les poursuites à l'occasion de ces créances nuisaient à ma clientelle... Voilà une raison... Et j'entends, brusquement réveillés, aux menaces de l'huissier, se dresser furieux sur leurs tombes, les vivants de l'an X, criant à leurs petits-fils, arrière-petits-fils, et autres :... Maudissez M. Clerc de Paris, qui a succédé à M. Péclet, lequel avait remplacé M. Billot, lequel était successeur de M. Lanoix ; et que ses poursuites retombent sur sa tête !..... à lui, M. Clerc de Paris.

Et qui croira, Monsieur, que moi, j'eusse disposé de ces créances, n'ayant pas été miennes ? Récemment dégagé d'un débat public, ne me fallait-il pas veiller à ce que mon manteau fût sans tache ? L'estime de mes collègues ne me devait-elle pas suivre sous ce ciel où j'allais courir une carrière nouvelle ? L'évènement n'a-t-il pas prouvé que leur attestation m'était indispensable ? Qui m'eût empêché, homme de fraude, d'antidater la vente de ces créances ; de les cacher, pour en disposer plus tard ? Ne me deviez-vous pas 8,000 fr. ? Il n'est guère dans les habitudes du voleur de laisser des gages à ceux-là qu'il dépouille, alors surtout que le vol est public. Allez, Monsieur ; malgré tous vos efforts, mes actes respirent de la plus entière bonne foi. N'est-ce pas, Monsieur Clerc de Landresse, que mes seuls torts dans cette affaire ne sauraient émaner que d'une trop aveugle confiance? il est si cruel de suspecter un ami... Venez donc, pour la vérité, pour vous, proclamer à tous avec moi que, le 24 ou le 25 novembre 1835, j'étais chez vous, dans votre cabinet, rue des Granges, à Besançon; que j'en emportais, avec votre refus de les acheter, la faculté *préexistante du reste,* que vous me donniez de disposer des créances vendues depuis à Bépoix. Cette démarche de moi m'avait paru d'un bon camarade. Je jure, sur tout ce qu'il y a de plus saint sous le ciel, qu'il en fut ainsi. N'allez pas me démentir, Monsieur Clerc de Landresse; car je saurais vous arracher du front cette auréole hâtivement attachée, sous l'ignorance de ce que vous êtes à présent, sous l'exaltation d'une reconnaissance exagérée, de toute ma haine légitime contre votre frère... Ici... le silence, le silence... on le comprendra... le moule est brisé où se coulaient les antiques vertus... Autres temps, autres hommes... il n'y a plus de Brutus. Encore une fois silence!... et me croyez-vous donc si infame que je vienne vous demander ici d'accuser tout haut votre frère...

Nous n'en avons pas fini, Monsieur Clerc le notaire... Nous voici sur ces lignes qui couronnent dignement le temple où nous marchons... « *Qu'il n'a* (M. Clerc) *aucun compte à demander à M. Péclet fils, pour les sommes qu'il a pu toucher à titre de recouvrements, depuis le jour du traité jusqu'à l'arrivée de M. Clerc à Besançon.* » Longtemps, Monsieur, j'ai médité sur la cause de ces lignes... Pourquoi, me disais-je dans ma simplicité, M. Clerc n'a-t-il pas retenu les sommes qu'il aurait prouvé être encaissées par moi? quand on s'applique 2,000 fr. pour rien, on doit pouvoir facilement retenir une somme moindre, quand elle est due... Enfin, après mille hypothèses successivement adoptées et rejetées, je me suis arrêté respectueux devant celle-ci : Dans votre capacité peu ordinaire, vous avez dit, Monsieur : La procuration de M. Péclet fils ne contient pas pouvoir de toucher 2,000 fr. sous forme de zéro. En droit, je lui dois toujours 2,000 fr..., car 6,000 fr. n'ont jamais payé 8,000 fr. — Mais si, revenant, il réclamait... Je pourrais appeler le père en garantie... Mauvais moyen..., car après tout le père a agi en son nom personnel et sans se porter fort ; et puis, ce moyen même supposé valable, si le père venait à ne plus offrir de garantie... la fortune a ses caprices. Tout considéré, il faut rédiger de manière à ce que le fils n'ose toucher à la transaction sans s'y blesser ; que le vide de celle-ci disparaisse derrière la rougeur qui lui monterait au front, s'il osait jamais l'attaquer. Et vous avez rédigé comme précède..., enchanté d'avoir découvert cela tout seul.

Sous ces lignes, Monsieur, l'un de nous périra. Quoi ! ce n'était pas assez de m'avoir voulu perdre dans l'estime de mes concitoyens ; d'avoir surpris la religion de vos confrères ; armé contr'eux ma plume, alors que, seul coupable, vous alliez vous cacher tout tremblant sous leurs robes ; pas assez de m'avoir calomnié partout, anéanti dans mon avenir, traîné et sali chez le ministre de la justice, frappé dans tous mes intérêts ; pas assez d'avoir commencé, développé, consommé peut-être l'éternelle rupture du fils avec le père... Après m'avoir jeté sans ressources sur cette mer de tempêtes qu'on appelle le monde, pour y lutter contre chaque vague, disputer à chaque jour la vie de chaque jour, seul, errant, sans famille, et presque sans patrie,..... Vous, triomphant de l'odieux par l'ignoble, à cette fin chrétienne de superposer sur le mien la couche de votre honneur exotique, et me voulant *voleur*, vous vous êtes glissé au sanctuaire de la famille; et là, sous les Dieux du foyer, qui vous regardaient faire, certains de la vengeance, vous n'avez pas rougi d'élever au fils par le père, un double monument de honte, dont l'un, le vôtre, sanctionnerait dans votre société ces calomnies que vous dites si bien, quand l'autre, constitué par votre sacerdocc, archive de la famille, serait allé, avec la signature de l'auteur commun, honorée de celle d'un notaire, apprendre aux enfants d'un autre âge qu'un de leur nom fut infame... Et, tout haletant de ce noble fait d'armes, vous vous êtes reposé; puis, chargé d'opimes dépouilles, vous vous êtes retiré, lentement, gravement, comme il sied à un homme de votre caractère; mollement bercé d'une douce quiétude, dans cette conviction grande, qu'avec derrière vous un ennemi abattu et flétri, la retraite serait sans périls. — Tel le serpent, qui, plein de sang, se traîne sous la hideuse majesté de ses livides replis, insouciant qu'on le poursuive, sentant bien que sa victime, déjà engourdie au sol par la douleur, y sera tombée bientôt par le trépas.

Mais, sinon les morts, les absents reviennent. Et je suis revenu.... pour vous dire qui vous êtes, le prouver, soulever de mes colères contenues cette fange impure que vous avez faite, m'y rouler, m'en salir, pour vous la jeter ensuite à la face... Je m'oublie,... la colère est à vous un sentiment trop noble... elle ne saurait aller à votre taille.... je la reprends. Pour s'élever à vous, c'est au mépris qu'il faut descendre... Allez....

Et vous, Monsieur Clerc de Landresse, noble ami, deux mots, avant que j'entende se ruer sur ma tête, en y grondant, les foudres implacables de votre éloquence. Ne m'accusez pas de briser le lendemain mes idoles de la veille. Si je vous élevais si haut en 1843, sur les souvenirs de 1835, c'est que j'avais cru, ignorant du passé, retrouver un ami, un frère en religion. Imprudent! Pour m'accueillir au retour, et sur ce que j'avais laissé, rien n'a surgi de vous qu'une double défection. Puisse-t-elle, Monsieur, vous être profitable et légère! Croyez-moi, cependant, continuez au Palais vos brillants et productifs succès; c'est justice. Mais, absorbé par vos clients, restez en dehors de la vie municipale, gardez-vous de l'arène politique. Déchu de l'estime de ses frères, le soldat qui déserte ne rencontre que défiance là où il va s'offrir. La cité n'est pas encore à bout des vertus indigènes... Et il faut au vieil honneur franc-comtois, pour le représenter, de ces hommes énergiques, de poitrine éprouvée, à la main sûre et fidèle, qui sachent dignement tenir un drapeau, noblement le déposer, ou renversé et malheureux, succomber saintement avec lui.

Et vous encore, Monsieur Clerc le notaire..., écoutez-moi... Le scandale, lors même qu'immérité, corrode tout ce qu'il touche. La plume notariale est trop légère à votre main... Ne vous semble-t-il pas que la poussière tabellionicide vous étouffe? A vous, à ces manières élégantes, à cette haute capacité corroborée de tant d'éclatantes preuves, un champ plus vaste, plus digne, le champ de la diplomatie. N'avez-vous pas des protecteurs puissants? qui vous arrête? Allez représenter l'honneur national. Votre conduite dans le monde, chez mon père, à la Chambre, a fourni la mesure de ce que vous pouvez faire encore... Que tardez-vous? partez..., le pays vous attend.

Et tous... que chacun de nous, Messieurs, aille à

ses destinées... vous, à la considération, à la fortune, aux honneurs; moi, là où il plaira au ciel de m'envoyer. Ma mission est finie. J'ai épanché de ma poitrine ulcérée le sang qui l'étouffait, écrit selon mon cœur, selon la vérité. Que Dieu nous juge maintenant et le public avec lui... quel que soit ce jugement, je m'y soumets d'avance. Mais je ne saurais oublier que Dieu, dans sa prescience suprême, comprenant bien que le coupable échapperait parfois à la justice humaine, quelque sévère, quelqu'inflexible qu'elle fût, a voulu, par un enseignement sublime, et du haut de son tribunal, pour prévenir et combler l'immoralité d'un pareil vide, attacher sa conscience à l'homme, ainsi qu'à sa proie le vautour, pour en faire à la fois, sous cette exécutive puissance, et son juge et son bourreau.

Besançon, 27 juillet 1843.

FIN.

Besançon.—Imprimerie de Bintot.

NOTE

DES

EXPÉDITIONS CÉDÉES A M. BÉPOIX PAR M. PÉCLET.

PAR ACTE SOUS SEING PRIVÉ DU 5 NOVEMBRE 1835.

DATES ET NATURE DES ACTES.	NOMS ET PRÉNOMS DES PARTIES.	SOMMES DUES AU NOTAIRE.
Du 28 avril 1838. Mariage.	Entre Joseph Barrel, de Besançon et Denise Laudet.	22 35
Du 5 juin 1828. Mariage.	Entre Christian Jungblut et Thérèse Fleuret.	21 27
Du 17 déc. 1829. Mariage.	Entre François Charlet et Madeleine Billet.	17 75
Du 16 avril 1815. Traité d'appr.	Entre Pierrette Malding et Catherine Lacave, veuve Lethier.	11 40
Du 27 mai 1820. Mariage.	Entre Pierre Coste et Louise Vasy.	24 60
Du 18 nov. 1812. Vente.	Par Etienne Fourquet de Bréris à madame de Raze.	12 69
Du 2 mars 1807. Vente.	Par Jean-François Guidet à Mathias Viard.	51 85
Du 20 janv. 1808. Vente.	Par Jean-Claude et Claude-Philippe Chouffe à J.-Joseph Viennot.	1 95
Du 1er déc. 1816. Quittance.	Par les frères Roy au sieur Sauget.	12 03
Du 23 juin 1822. Vente.	Par Claude-Louis Simard et François Jaquemet, à Xavier Loisgerot.	11 68
4 mai 1815. Vente.	Par Gaspard Guenot à Claude-Denis Robert.	57 98
6 septemb. 1830. Mariage.	Entre Nicolas Martin et Thérèse Napet.	15 50
2 juin 1816. Mariage.	Entre Jean-François Pidancet et Marguerite Beau.	51 92
7 déc. 1815. Bail.	Par la veuve Cacard au sieur Ferjeux Maillot.	35 45
19 nov. 1823. Mariage.	Entre Jean-Louis Thiéry et Thérèse Boyer.	14 80
3 juillet 1816. Mariage.	Entre Charles Amédée Jacquot et Joséphine Gros.	22 10
	A reporter...	365 32

DATES ET NATURE DES ACTES.	NOMS ET PRÉNOMS DES PARTIES.	SOMMES DUES AU NOTAIRE.
	Report....	365 52
27 avril 1823. Vente.	Par Luc Lauternier à François Tisserand.	18 70
2 déc. 1812. Vente.	Par Antoine Goulu à la veuve Guyon.	11 60
1 déc. 1806. Mariage.	Entre Jean-Antoine Bouriot et Barbe Tournier.	22 »
22 février 1827. Mariage.	Entre Denis Vidalin et la veuve Baudran.	14 85
9 octobre 1815. Mariage.	Entre Henri Mourey et Jean-Claude Simplot.	28 60
10 août 1813. Main-levée.	Par la veuve Thiery à François Belin.	8 80
3 mai 1809. Procuration.	Par Claude-François Mauvillier à Monvoisin.	11 50
22 juin 1813. Testament.	De Marie Thérèse Filiard.	20 »
Du 18 br. an 14. Réduction d'hy.	Par le sieur Laurent contre Blanchard.	25 »
Du 3 mars 1814. Testament.	De Louis Duriez, cordonnier.	8 06
Du 6 août 1809. Transaction.	Entre Simon Jeannot, François Tisserand et la veuve Jeannot.	
Du 8 déc. 1824. Mariage.	Entre Jean-Claude Perrin et Jeanne Marie Coulon.	38 85
29 août 1831. Mariage.	Entre Jacques Coussot et Françoise Mayan.	16 60
28 mars 1808. Mariage.	Entre Jean-Baptiste Vuillemot et Jeanne Françoise Paris.	21 »
13 juillet 1816. Mariage.	Entre François Selsperger et Jean-Baptiste Humbert.	15 »
6 juin 1813. Mariage.	Entre Jean-Henri Gresset et Hélène Curdier.	29 50
10 mars 1816. Mariage.	Entre Jean-Baptiste Dugour et Jeanne-Pierrette Humbert.	29 71
4 août 1813. Main-levée d'hy.	Par Nicolas Vuillier aux frères Péchet.	26 65
22 juin 1815. Traité de rempl.	Entre Emmanuel Frion et Anatoile Moujet.	27 »
	A reporter...	738 54

DATES ET NATURE DES ACTES.	MOMS ET PRÉNOMS DES PARTIES.	SOMMES DUES AU NOTAIRE.
21 mai 1810.	*Report*. . .	738 54
Mariage.	Entre François Jourdan et Marguerite	
4 juillet 1813.	Mourey.	19 50
Testament.	De Scholastique Fagotte.	
12 nov. 1814.		20 55
Quittance.	Par la femme Redouté à Puçot.	
18 octobre 1830.		
Ratification.	Par Jean-Baptiste Dampenon à Joseph	9 95
19 août 1808.	Dampenon.	8 90
Vente.	Par Géorges Gardet à Jean-Pierre Mâcle.	
14 août 1809.		
Vente.	Par Jean-Claude Paigney à Antoine Sau-	6 »
27 déc. 1814.	not.	
Assignal.	Par François Gillard à Désirée Roy, sa	10 »
21 août 1808.	femme.	16 »
Vente.	Par Joseph Net à François Vogne.	
10 mai 1813.		
Vente.	Par Claude-Antoine Martin à Jean-	13 »
13 janvier 1807.	Claude Vélet.	
Déch. de mand.	Par Jeanne-Claude Gauthrot à l'avoué	10 95
12 nov. 1806.	Poutot.	3 »
Obligation.	Par Joseph Tatu à Claude Saint.	
2 juillet 1811.		7 95
Vente.	Par Simon Margot à Joseph Margot.	
14 nov. 1814.		
Vente.	Par Claude-Etienne Richard à Pierre-	31 64
4 février 1815.	Claude Mourey.	39 30
Mariage.	Entre Etienne Maire et Jeanne Jeannot.	
4 octobre 1827.		
Ces. de mobilier.	Par Lhomme et Tardivat à la veuve	22 95
5 juin 1810.	Lhomme.	19 47
Obligation.	Par Antoine Sauterey à Alexis Sauterey.	
11 nov. 1815.		
Mariage.	Entre Jean-Claude Simplot et Françoise	23 40
23 juin 1813.	Morel.	37 65
Mariage.	Entre Louis Riard et Jaquette Meunier.	
29 sept. 1814.		
Echange.	Entre Claude-Antoine Richard et Marie	10 37
	Richard.	10 50
	A reporter. . .	1059 42

DATES ET NATURE DES ACTES.	NOMS ET PRÉNOMS DES PARTIES.	SOMMES DUES AU NOTAIRE.
	Report...	1059 42
2 février 1809. Main-levée.	Par Joseph Laudet à Léonard Péret.	11 90
11 juin 1810. Vente.	Par Louis Thiébaud à Jean-François Pauset.	16 70
18 mars 1810. Vente.	Par Claude-François Grosperrin à George Perruche.	11 10
4 mars 1811. Déclaration.	Par Joseph Dunod à Joseph Pointurier.	10 90
12 nov. 1821. Mariage.	Entre Joseph Pidancet et Angélique Saivet, veuve Groff.	18 70
2 mars 1818. Déclaration.	Par la veuve Pidancet à Ant. Pidancet.	10 20
12 janv. 1815. Mariage.	Entre Claude-François Maire et Jeanne-Marie Guidet.	12 45
15 oct. 1827. Mariage.	Entre François-Joseph Milz et Jeanne-Simonne Marlet.	22 85
22 déc. 1826. Vente.	Par E. Richard à Odille Margot.	11 85
23 août 1814. Convention.	Entre Charles Leclerc et Jean-Baptiste Frou.	22 »
9 sept. 1815. Mariage.	Entre Pierre-François Léyat et Magdeleine Paris.	30 40
9 août 1829. Main-levée.	Par Jean Bichoffe à Jean-Baptiste Lhomme.	10 »
8 janv. 1810. Extrait.	Pour Guillaume Jeannot.	3 »
15 août 1816. Bail.	Par le sieur Jeanneret à la veuve Desnoyers.	14 11
11 nov. 1810. Vente.	Par Jean-François Jeannot à Jean-Baptiste Jeannet.	22 55
15 nov. 1824. Déclaration.	Faite par George Jeannot.	13 70
14 fév. 1815. Vente.	Par François Gillard à Pierre-Laurent Gillard.	42 40
15 oct. 1810. Vente.	Par A-F. Delafin à Jean-A. Gillard.	18 35
30 juillet 1810. Bail.	Par Jean-François Coulon à Claude-Et. Guerrin.	10 66
	A reporter	1373 04

www.ingramcontent.com/pod-product-compliance
Ingram Content Group UK Ltd.
Pitfield, Milton Keynes, MK11 3LW, UK
UKHW022138190726
13855UKWH00003B/1210

9 782011 766946